# Cómo hablar
# de la muerte a los niños

**Delphine Horvilleur** (Nancy, 1974) es rabina, escritora y filósofa. Estudió hebreo y árabe en la Universidad hebrea de Jerusalén y Periodismo en París. En 2008, a los treinta y tres años, recibió su ordenación rabínica. Ha sido la tercera mujer en lograrlo en Francia, donde es una de las principales voces del Movimiento Judío Liberal. Ha publicado numerosos libros de ensayo, entre los que destacan *Madres, hijos y rabinos* (2015; Libros del Asteroide, 2024); *Reflexiones sobre la cuestión antisemita* (2019); *Vivir con nuestros muertos* (2021; Libros del Asteroide, 2022) y *Cómo hablar de la muerte a los niños* (2025; Libros del Asteroide, 2026).

# Delphine Horvilleur

# Cómo hablar
# de la muerte a los niños

Traducción de Palmira Feixas

LIBROS DEL ASTEROIDE ✳

Publicado por Libros del Asteroide S.L.U.
Santaló, 11, 3.º 1.ª
08021 Barcelona
España
www.librosdelasteroide.com

Imagen de la cubierta: © Anna Maria Bellmann
Fotografía de la autora: © JF PAGA

ISBN: 978-84-10178-88-5
Depósito legal: B. 8718-2026
Impreso por Liberdúplex
Impreso en España - Printed in Spain
Diseño de colección: Enric Jardí
Diseño de cubierta: Duró

Este libro ha sido impreso con un papel ahuesado, neutro y satinado
de cien gramos, procedente de bosques correctamente gestionados
y con celulosa 100 % libre de cloro y ha sido compaginado
con la tipografía Sabon en cuerpo 12.

# Índice

*En memoria de Elias B.,*
*cuyo último aliento hizo vibrar estas páginas*

# Reglas del juego: Jugamos a que...

Jugamos a que... sabemos hablar del tema.

Jugamos a que... al menos lo intentamos.

Los juegos infantiles siempre empiezan diciendo «jugamos a que...».

Un verbo en presente que, por arte de magia —¡abracadabra!—, crea una convención sagrada. Entonces nace una ficción en la que todo se vuelve creíble porque «jugamos a que...». La magia de las palabras sella un pacto con infinitas posibilidades: «Jugamos a que somos fuertes, grandes y no tenemos ni pizca de miedo...».

Por supuesto, desde el principio, sabemos que todo es mentira. Nos damos perfecta cuenta de nuestra impotencia, sobre todo frente a un niño que pregunta. Albergamos la certeza de que no saldremos airosos del reto. Habría que ser tremendamente ingenuo o arrogante para creer que encontraremos las palabras adecuadas. Hablar de la muerte nunca ha sido un juego de niños.

De hecho, hasta los adultos ignoramos las reglas del juego de ese discurso. Da igual la edad o las circunstancias que tengamos; nos las apañamos como podemos, con elipsis y metáforas, con una retahíla de expresiones que suenan falsas o incluso absurdas: «¡Ay, nos ha dejado!» o «¡Qué tristeza que se haya marchado!», susurramos al oído de otro que sabe perfectamente que ese cuerpo sin vida, colocado ante nosotros, no puede ir a ninguna parte por sí mismo, ni con toda la voluntad del mundo... No se marchará y no podrá abandonar el lugar donde se encuentra. Entre adultos, enhebramos palabras como buenamente podemos. Ensartamos cuentas de frases hechas. Nos inventamos historias a nuestro antojo.

Sin embargo, frente a los niños, la cosa se complica. Enmudecemos. Evitamos el tema, esquivamos el asunto, porque, en el fondo, somos conscientes de que esa conversación arruinará por completo nuestro papel de adulto. Pisoteará todas las promesas solemnes que habíamos hecho hasta entonces, con o sin palabras. Traicionaremos nuestras palabras y nuestras promesas, todas esas veces en que hemos dicho a un niño: «No te preocupes, estoy contigo, no puede pasar nada» o «No sufras, siempre te protegeré». O incluso «Venga, pregúntaselo a un adulto, que los adultos saben la respuesta» o, peor aún, «¡Por supuesto que existe la justicia en el mundo!».

El lenguaje resulta insuficiente, porque la muerte perturba todas sus funciones. Tal vez esa sea su definición: la muerte no es lo contrario de la vida, sino del lenguaje. Es aquello que se escapa a las palabras, a las definiciones y a las explicaciones. La muerte es aquello de lo que no logramos hablar. Se puede hablar de la vida y del miedo a que se acabe. Se puede hablar de lo que sucedió, de lo que podría haber sucedido, de lo que ya no sucederá jamás. Pero no sabemos hablar de la muerte en sí misma. Ninguna palabra puede expresarla. Y, frente a los niños, esa inefabilidad de repente empieza a chillar y hace tambalear los muros y las certidumbres.

Lo he experimentado miles de veces ejerciendo de rabina. Al acompañar a familias en su duelo, a menudo me han formulado las mismas preguntas: ¿qué podemos decirles a los más pequeños, ¿qué deberíamos responderles? ¿Qué nos aconseja que hagamos? A veces, las preguntas son mucho más específicas: ¿A un niño hay que mentirle o decirle la verdad? ¿Debemos permitir que vea el cadáver? ¿Puede ir al entierro? ¿Podemos llorar delante de él?

Y siempre he tenido que rendirme a la evidencia. No existe una única respuesta o una respuesta estandarizada para esas preguntas. Es más sencillo argumentar una cosa o la contraria, formular certezas sobre un dogma, sea religioso o psicoanalítico, que entablar una verdadera conversación con un niño sobre la muerte en la que nos permitamos vacilar.

No cabe duda alguna de que por esa razón se han escrito tan pocos libros sobre el tema. Para que sean pertinentes, a mi parecer, deben empezar reconociendo plenamente su impotencia.

Una especie de confesión adulta que avisa al niño de nuestra incapacidad para explicar la muerte.

Paradójicamente, se trata de decirle: «Vamos, pregunta lo que quieras, pero que sepas que no sabremos contestar a todo».

El libro que tienes entre las manos, pues, no aporta ninguna respuesta preconcebida. Si buscas recetas cerradas, certezas teóricas o teológicas, tendrás que acudir a otra parte. Estas páginas proponen algo distinto: el simple testimonio de alguien que ha tenido el honor y el dolor de acompañar a menudo a otros en ese recorrido inenarrable, y que desea compartir una parte de su experiencia.

En el origen de este libro, hay un momento muy particular que lo inspiró.

Poco después de publicar un libro anterior, titulado *Vivir con nuestros muertos*, me propusieron que diera una conferencia a un grupo de niños y adolescentes.

Se trataba de una invitación para debatir con ellos sobre la muerte, de la que afirmo en esa obra que no sabemos cómo hablar realmente.

Aquel día, ante mí, había niños de unos diez años, algunos acompañados por sus padres o por educadores y otros solos. No sé quién se hubiera llevado el premio al más incómodo: la conferenciante, el joven público o los acompañantes. Una vez superada la desazón inicial, tímidamente se entabló un diálogo.

De repente, una niña pequeña levantó la mano y con voz segura, tuteándome de una manera cercana y conmovedora, me preguntó: «En tu opinión, ¿qué hay que hacer si sabes que alguien ha muerto, pero tus padres no te lo dicen? ¿Crees que debería decirles que lo sé o bien hacer como si no lo hubiera entendido?».

En unas pocas frases de un atrevimiento admirable, una niña pequeña acababa de destripar el secreto mejor guardado de muchas familias. Disipaba el misterio sobre silencios bien protegidos y revelaba algo que experimentamos a menudo: los niños saben perfectamente lo que ocultan los padres. Sin embargo, se censuran los unos a los otros sin que sepamos a ciencia cierta quién de ellos es más vulnerable y quién quiere proteger al otro. ¿Quién cuida de quién en el silencio?

¿Es el progenitor, que se preocupa por la tristeza de un niño, o bien el niño, que «encubre» la mentira de un adulto? Callando lo que sabe, cada cual protege al otro y finge sentirse más protegido.

«Quien a hierro mata, a hierro muere.» «Con la medida con que midáis, seréis medidos.»

La idea de este libro nació durante esa conferencia, frente a aquellos niños. Mientras lo escribo, todavía ignoro quién y cómo lo leerá.

Tengo la esperanza de que este libro pueda servir para entablar una conversación entre generaciones que permita poner palabras en las grietas de un silencio familiar. Quizás algunas páginas, a raíz de una mirada, de un lapsus o de una tos incómoda, permitan decir a los seres amados: «Sé que sabes que sé que lo sabes… Pero eso no significa que haya dicho que sé que lo has entendido».

Puede que este libro sirva a padres que están de luto y se preguntan cómo hablar con sus hijos. Puede que sea un regalo ideal para niños, que lo hojearán, alentados por adultos o en secreto, sin decir nada a nadie, con el propósito de desentrañar ciertos silencios.

Puede que para algunas familias, a las que ha visitado la muerte, se convierta en un libro de cabecera y todas las noches lean juntos un capítulo.

No existen instrucciones de uso, ni reglas del juego, como tampoco existen para atravesar el duelo. Contrariamente a lo que aseguran algunos filósofos, no creo que se pueda aprender a morir, ni a encajar con serenidad la desaparición de un ser querido, pero es posible, a cualquier edad, aprender a vivir siendo conscientes de aquello que la muerte moldea en la existencia humana. Decirse que, de todas formas, frente a ella, la vida puede tener la última palabra.

Jugamos a que… hablar de la muerte nos hace más fuertes.

# 1. Érase una vez...

¿Conoces la diferencia entre la verdad y la realidad?

Para comprenderla, a veces basta con abrir un libro de cuentos.

Todos los niños leen cuentos porque en esas historias hay relatos que dicen la verdad. No la realidad, por supuesto, y esa es la diferencia. Nadie es tan ingenuo como para creerse que existen brujas o dragones, princesas sumidas en un sueño eterno que se despiertan con un beso, o príncipes transformados en ranas. Pero todos los niños saben que, en esas historias irreales, transmitidas de generación en generación, hay elementos de verdades tan eternas como indecibles.

En esas historias fantásticas, a menudo se insinúan cosas difíciles de explicar a los niños…, como que los padres no siempre están a la altura, que en ocasiones mienten, que los niños a veces se pierden, que más vale no fiarse de las apariencias, y muchas cosas más.

Durante mucho tiempo, me fascinó la expresión que casi siempre da comienzo a los cuentos tradicionales, una especie de fórmula mágica tan conocida que existe en prácticamente todas las lenguas: «ÉRASE UNA VEZ».*

En inglés, *Once upon a time*, es decir, «Una vez, hace mucho tiempo», sugiere que se va a evocar una época que ha quedado atrás, un pasado completamente superado.

Por el contrario, la expresión en árabe, ما كان كان يا, «Hubo, no hubo», apunta la confusión entre lo ficticio y lo real, entre lo verdadero y lo falso, que el narrador ya no logra distinguir.

---

* Puede verse un análisis de esta expresión en mi libro *Comprendre le monde*, Bayard, París, 2020.

En hebreo, היה היה, «Hubo, hubo», sugiere, a través de la repetición de los términos, que el carácter único de lo que se va a contar es cuestionable. A veces, la historia balbucea un poco, tanto en los cuentos como en la realidad.

Tanto en francés como en castellano, la expresión está tan arraigada que ya nadie se la cuestiona, ni siquiera se fija en lo extraña que es su estructura gramatical. La construcción de la frase «Érase una vez» no tiene ningún sentido. ¿Te das cuenta? Evidentemente, habría que decir «*Hubo* una vez» o «*Sucedió* una vez». El pretérito perfecto simple es el tiempo verbal que corresponde a un relato inédito, que sirve para describir la aparición de un acontecimiento inesperado. En tal o cual historia, el dragón *atacó* el palacio, el príncipe *luchó* valerosamente y *besó* a la princesa que estaba profundamente dormida...

Pero en «Érase una vez», el verbo conjugado en pretérito imperfecto parece sugerir algo muy distinto. En principio, el imperfecto es el tiempo verbal que se usa para las costumbres, las rutinas o las repeticiones. Por ejemplo, se dice en imperfecto: «Cuando era pequeño, *comía* sopa… Por las tardes, *hacía* los deberes o *repasaba* las lecciones…». En principio, el imperfecto expresa que siempre se ha hecho así. Excluye lo excepcional y se refiere a lo cotidiano.

«Érase una vez», pues, transmite de manera muy sutil un mensaje secreto.

Esas tres palabras dicen: «Que sepas, querido niño, que haré ver que te cuento algo que ocurrió un día, una aventura que solo sucedió una vez, en un pasado muy lejano…, pero en mi historia se esconde lo imperfecto, un misterio que solo tú podrás comprender. Por tanto, no te cuento algo que únicamente ocurrió una vez, sino que ha ocurrido tantas veces en la historia que podría volver a ocurrir. El relato que te cuento no muestra algo pasado, sino algo que podría repetirse. Y esa historia narrada una y otra vez, transmitida de generación en generación, comunica un mensaje que fue cierto y que, sin duda, seguirá siéndolo. Es la pura verdad, aunque nunca haya sido real». El lenguaje del cuento siempre nos invita a abrir los ojos a las verdades del mundo, con un lenguaje particular y unas convenciones envueltas en el misterio.

Reflexionemos sobre otra expresión celebérrima que aparece en las últimas páginas de tantos cuentos que leímos en la infancia: «Fueron felices y comieron perdices».

En general, esas palabras se usan para cerrar la intriga. El protagonista o los héroes del relato han vivido aventuras extraordinarias, epopeyas milagrosas. Han atravesado océanos, han luchado contra enemigos y han vencido monstruos para que todo acabe arreglándose y por fin puedan vivir felices. En la vida de esos héroes, pues, hay un antes y un después.

Al final del libro, se sugiere que, a partir de la última página, al héroe ya le toca vivir retirado de cualquier vuelco trágico. La aventura ha terminado: simplemente debe dejar paso a una nueva generación que, para bien o para mal, también experimentará un sinfín de aventuras.

Ese «Fueron felices...» sirve para enmascarar la continuación de la historia, desde luego, especialmente una verdad evidente y eterna. Pero... no se lo digas a nadie.

Probablemente, esos héroes vivieron muchas otras cosas. Envejecieron como todo el mundo y tuvieron que enfrentarse a acontecimientos dolorosos. Quizá sufrieron enfermedades, alguna ruptura amorosa, problemas de vivienda o conflictos profesionales. Sin duda alguna, atravesaron crisis y duelos, y al final, ¿adivina qué?, se murieron, como todo el mundo.

Reconozco que sería rarísimo incluir esas verdades en el desenlace de los cuentos infantiles. Imagínate por un instante que «La Bella Durmiente» acabara así: «Se casó con el príncipe, vivieron felices mucho tiempo y tuvieron varios hijos. Más tarde, ella padeció un derrame cerebral y a él le diagnosticaron una enfermedad neurodegenerativa y posteriormente un cáncer de próstata. Al final, primero uno y luego el otro acabaron muriendo en una camilla en un pasillo de urgencias, porque aquel día no había camas disponibles en el servicio geriátrico del hospital público».

Es verdad: sería rarísimo... Creíble, pero rarísimo.

Lo que quiero decir, con un poco de ironía, por supuesto, es que la estructura de los relatos tradicionales sigue una convención y una norma. Son el reflejo de un contrato tácito en la sociedad que podría resumirse así: no se habla, o en todo caso no demasiado, de la muerte y del duelo... y menos aún con los niños. Nos esforzamos por hacer como si la muerte no existiera y, sobre todo, como si no les afectara.

En las historias hemos omitido esa tragedia, esa dolorosa e inevitable verdad de la existencia...

A veces, algunas historias transgreden esa convención. ¿A quién no se le saltaron las lágrimas, de pequeño, al enterarse de la muerte de la madre de la Cenicienta, de la de Babar o de Bambi, las dos últimas abatidas por un cazador?

Recuerdo un famoso episodio de la serie *Friends* en que Phoebe, que está un poco chiflada, descubre horrorizada que, para protegerla, su madre le había borrado esa escena de la película de Disney durante toda la infancia. Los cuentos tradicionales que se transmiten de generación en generación hacen más o menos lo mismo. Ocultan gran parte de la verdad que cualquier niño deberá aprender:

Todo el mundo se muere, incluidas las madres, las ciervas y los héroes.

En el mejor de los casos, después de haber vivido felices. Pero no siempre.

Érase una vez un mundo en el que no se niega esa realidad y en el que se cuenta un poco más la verdad a los niños. Érase una vez un mundo en el que no se finge ignorar la muerte, y en el que se puede empezar a hablar del asunto.

## 2. Juegos de palmas...

Cuando era pequeña, a veces mi abuelo llamaba a todos sus nietos y, una vez que nos habíamos reunido a su alrededor, nos preguntaba en susurros: «¿Sabéis guardar un secreto?».

Halagados y llenos de curiosidad ante la perspectiva de que nos hiciera alguna confidencia, contestábamos a coro «¡Síííí!», con entusiasmo, tratando de alentar la confesión.

Entonces, lentamente, nuestro abuelo se inclinaba un poco más hacia nosotros, hasta que casi nos rozaba la oreja y, tras un silencio, siempre exclamaba en voz alta: «¡Yo también!».

Una vez superada la sorpresa y una ligera decepción por esa broma, siempre acabábamos riéndonos a carcajadas. Sin duda, porque siempre mordíamos el anzuelo, pero también porque nos recordaba algo que ya sabíamos perfectamente: que todos los adultos tienen secretos que saben guardar más o menos bien, y que a veces ni siquiera hace falta que los revelen para descubrirlos.

Entre los más sagrados y mejor guardados, hay un secreto que todos conocemos, aunque nunca nos lo hayan revelado: la consciencia de la mortalidad. Todo el mundo se muere, pero nadie habla de ello.

Todos aprendemos muy pronto que tendremos que vivir pasando por alto ese hecho, fingiendo que no sabemos lo que sabemos, jugando a ignorarlo para que nada perturbe un futuro que supuestamente es eterno e inacabable.

Hacemos como si no nos acordáramos de que todo se muere: no solo la gente, sino también las ideas, las convicciones, los amores y a veces hasta las palabras que usamos.

Podría poner miles de ejemplos.

Por supuesto, el de las grandes ideologías políticas, el de las grandes ideas de los fundadores que nos precedieron, que erigieron un mundo sobre convicciones inmutables, que construyeron imperios que se creían eternos… hasta que se desmoronaron.

«*Tu quoque, fili mi*» («¿Tú también, hijo mío?»), se cuenta que susurró Julio César mientras moría, al descubrir que su hijo adoptivo formaba parte de los asesinos. Un imperio cae, otro ocupa su lugar, hasta que cae a su vez.

Los romanos, los griegos y los persas de la Antigüedad fueron algunas de las civilizaciones que aportaron infinidad de conocimientos al mundo, pero jamás presintieron que sus palacios y sus ideas se convertirían en ruinas y vestigios que la gente iba a visitar siglos después.

Sucede lo mismo con las palabras que usamos. Estas también viven y a veces se mueren.

Existen lenguas vivas y lenguas muertas, así como lenguas muy vivas que constantemente dejan morir trocitos de sí mismas.

Estoy convencida de que ya te has dado cuenta de eso. Tus padres y tus abuelos no hablan exactamente igual que tú. Emplean palabras que a ti nunca se te ocurre usar. Se trata de expresiones que encuentras anticuadas, aunque en su época a veces eran novedosas.

Mi abuela, por ejemplo, cuando refrescaba un poco, me pedía que hiciera el favor de ponerme «una rebequita». A veces me soltaba «Anda, ahueca el ala» para que me marchara o consideraba que lo que yo decía eran «pamplinas». Estoy convencida de que ningún joven lector de este libro sabe qué significan esas expresiones.

Ahora que soy madre, a mi vez, me he vuelto muy consciente de aquello de lo que se alimentan mis palabras de «mamá». Durante mi adolescencia, en Francia, la tendencia era a hablar constantemente en *verlan*, es decir, invirtiendo de manera sistemática las sílabas de las palabras, pero ahora se ha vuelto algo rarísimo.

Como es lógico, cada generación se inventa sus propios códigos, pisoteando los anteriores. Esa reforma constante de la lengua, que muere y resucita, incluso es el marcador generacional por excelencia.

La lengua está viva, tanto la hablada como la escrita. Es objeto de «tirones» y a veces de metamorfosis. Las expresiones varían y las entonaciones mutan. A veces, algunas palabras se mueren. Simplemente porque la existencia es así.

Todo lo vivo se muere un poco, más o menos deprisa. De hecho, eso es lo que define lo vivo de manera más exacta. Contrariamente a lo que piensa mucha gente, la vida no es lo opuesto a la muerte, sino lo que incluye la muerte en su interior, lo que convive con ella.

No es evidente percibirlo así, porque estamos acostumbrados a pensar lo contrario. Vivimos en una sociedad en la que se tiende a oponer una cosa a la otra. La vida y la muerte se contraponen como lo alegre y lo triste, lo bueno y lo malo, lo caliente y lo frío… y se presentan como dualidades o conceptos binarios que supuestamente deben estructurar nuestra visión del mundo, como el blanco y el negro, o el bien y el mal…

Y se pasa por alto una verdad eterna, constante y muy fácil de demostrar: la vida y la muerte dialogan sin cesar en nuestro interior.

Pongamos un ejemplo: desde que has abierto el libro y has empezado a leerlo, deben de haber transcurrido varios minutos y, si decides proseguir la lectura, cuando pases la última página habrá transcurrido un buen rato.

Si todo va bien y tienes buena salud, si la vida en tu interior y sus procesos fisiológicos funcionan bien, entre la primera y la última página de este libro, centenares y centenares de células de tu cuerpo habrán emprendido un proceso de muerte y de destrucción. Constantemente se mueren trocitos de ti, se mueren elementos de tu cuerpo para renovarse o simplemente para dejar espacio. Ese proceso de renovación por medio de la muerte resulta fundamental para permanecer vivos. Si estamos vivos y coleando es precisamente porque la muerte forma parte de nosotros.

Hoy en día, la medicina lo sabe y afirma algo aún más asombroso. Por desgracia, cuando el organismo descarrila o se embala, cuando el proceso de muerte celular del cuerpo ya no funciona como es debido, se desarrollan enfermedades. Por ejemplo, aparecen lo que llamamos tumores, es decir, un trocito del cuerpo que está demasiado vivo, no deja de crecer y a veces acaba provocando un cáncer.

Ahora comprendes esa paradoja de la que poca gente habla.

Algunas enfermedades no están causadas por la muerte de las células del cuerpo, sino, paradójicamente, por su exceso de vida. Si la muerte deja de desempeñar su papel, entonces la vida se vuelve amenazante... Es extraño, ¿verdad?

Déjame ponerte de ejemplo un fenómeno natural y anatómico que hemos experimentado todos. Mientras estábamos en el vientre materno, cuando éramos un feto en desarrollo, el cuerpo nos crecía de una manera muy particular. Primero se desarrolló el sistema nervioso y luego se formaron los órganos: el cuerpo, los ojos, la nariz y la boca se estructuraron en torno a cavidades que algún día nos permitirían llegar al mundo, respirar y alimentarnos. En el interior del cuerpo, debían formarse tubos para inspirar, una boca para masticar, un estómago e intestinos para digerir, etcétera. Por tanto, se dibujaron agujeros y tubos vacíos que algún día permitirían que por ellos circulara el aire, la sangre o la comida. ¿Cómo crees que se modelaron esos vacíos del cuerpo? La respuesta es sencilla y fascinante a la vez: a través de la muerte de las células que los llenaban. Cada uno de esos órganos se creó gracias a un proceso de vida que convivió con un proceso de muerte en una colaboración eficaz que haría posible la existencia.

Ese milagro puede ilustrarse visualmente con un simple gesto, un gesto familiar y cotidiano: alarga la mano, mírate los dedos y sepáralos un instante.

¿Sabías que antes de nacer, en el vientre de tu madre, no tenías esos diez dedos? Tuviste que recorrer un largo camino para que aparecieran en la punta de las palmas de las manos. Porque, al principio, todos teníamos las manos palmeadas, como los patos.

Y resulta que, al desarrollarse, el embrión experimentó un enorme cambio en su cuerpo. Lentamente, la muerte hizo su trabajo, también entre los dedos. Observa un instante todo el espacio que hay entre el dedo pulgar y el índice, e imagínate todo lo que tuvo que morir para que se separaran el uno del otro. La vida tal y como la conocemos es la fuerza que supo convivir con la muerte.*

Tal vez todo eso te parezca muy complicado o demasiado filosófico. Puede que alguien objete: «Pero ¿qué tiene que ver todo eso con la muerte, la de verdad, la de la gente querida, la de nues-

* Jean-Claude Ameisen, un gran científico y un extraordinario narrador, lo explica mejor que nadie en sus libros.

tros abuelos, nuestros padres, nuestros amigos o la nuestra?».

Desde luego, es distinto. Pero saber que la muerte forma parte de la vida permite encajar de manera un poco diferente la desaparición de los seres queridos. Permite preguntarse en qué medida su muerte dibuja y determina nuestro porvenir. Su muerte, en cierto modo, se inscribe en nosotros y está muy relacionada con lo que podríamos ser algún día. Su historia nos lleva de la mano.

# 3. El rey del silencio

Acompañando a mis hijos a la escuela y charlando con otros padres, a menudo he presenciado un fenómeno bastante extendido. Cuando, por desgracia, algún niño de la clase pierde a un allegado, los adultos que lo comentan se ponen a hablar en voz baja, como si no hubiera que decirlo demasiado fuerte y arriesgarse a que todo el mundo lo oyera. Es como si el hecho de comunicar esa noticia en susurros la volviera un poco más soportable para todos, tanto adultos como niños.

En medio de la misma conversación, pues, un padre puede anunciar en voz alta que la maestra estará ausente la semana siguiente o que la fiesta de la escuela tendrá lugar a finales de marzo y luego, de repente, susurrar: «Me han contado que la pobre Violeta perdió a su abuela la semana pasada... ¿Lo sabíais? Se la ve muy triste».

Sin duda alguna, esa manera de bajar la voz para rehuir el tema no conseguirá que Violeta esté menos triste o su abuela menos muerta, pero es una especie de convención social. Algunas noticias se transmiten en susurros. Tal vez por discreción o incluso por superstición. Por nada del mundo se puede mencionar la muerte de manera demasiado escandalosa. Con un poco de suerte, no se dará cuenta de que estamos hablando de ella y así no se le ocurrirá asomarse de nuevo. Se olvidará un poco de nuestra existencia.

A nuestro alrededor, la muerte convoca el secreto. Aparece y entonces empieza el juego del rey del silencio...* ¡Cuidado, que nadie hable de ella!

---

* Juego infantil en que un jugador se sienta en una silla, con los ojos vendados, y el resto formando un círculo a su alrededor, y uno de ellos debe acercarse sigilosamente al primero para llevarse un objeto que tiene a los pies sin que se dé cuenta. *(N. de la T.)*

Tal vez te preguntes si siempre ha sido así. Pues no, en absoluto. Hubo una época en que la sociedad hablaba más de la muerte, de su irrupción en la vida de la gente.

Cuando mis abuelos o mis bisabuelos eran pequeños, existía la costumbre de colocar una tela negra o alguna otra señal del mismo color en la fachada de la casa de quien acababa de morir. Se indicaba así en el espacio público la presencia de un difunto, con el objetivo de que todo el mundo estuviera informado. Al pasear por las calles de una ciudad, se veían crespones ondeando ante los edificios. A veces, las personas que estaban de luto hasta llevaban un brazalete u otra señal en la ropa que permitiera identificar su estado y, por tanto, dirigirse a ellos de manera diferente, conversar con ellos de lo que les sucedía. Su estado resultaba visible y nadie trataba de ocultarlo. En resumidas cuentas, era muy fácil ver, saber y decir si alguien acababa de morir, y si había vivido en el mismo barrio o había conocido a nuestros familiares.

Si nos remontamos aún más en el tiempo, descubriremos que en otras épocas se cultivaba una relación diferente con la muerte y, en ocasiones, hasta se le concedía un lugar que en la actualidad se juzgaría muy extraño o chocante.

Por ejemplo —y sé que te va a parecer difícil de creer—, a principios del siglo XX, en numerosas familias francesas, existía la costumbre de tomar una foto de los difuntos, justo antes de enterrarlos. Se consideraba importante conservar la huella de su imagen antes de darles sepultura. Cuando alguien moría, pues, llamaban a un fotógrafo y toda la familia posaba junto al cadáver, sin inmutarse. Se trataba de guardar el recuerdo del difunto. Esa tradición formaba parte del respeto debido al muerto y era una manera, entre otras, de honrar su recuerdo.

En esos clichés en blanco y negro, en ocasiones aparece toda una familia plácidamente sentada en un sofá, frente al objetivo de un fotógrafo profesional. A veces, todos los personajes de la foto tienen un libro en la mano o sostienen un periódico o incluso fingen que están jugando a las cartas. Se trata de una escena cotidiana cualquiera, salvo que el muerto está retratado del mismo modo que los vivos. ¿Cómo saber cuál de ellos es el verdadero cadáver? Uno de los personajes está muerto, pero ¿cuál? Parece una versión fúnebre del famoso juego de «¿Dónde está Wally?». Busca a la persona indicada en la imagen. Observa bien los detalles. ¡Podría ser cualquiera! Bueno, no exactamente. El caso es que, en todos los clichés, hay un indicio preciso y muy fiable que permite reconocer al muerto, identificarlo con certeza.

En internet puedes encontrar algunos de esos retratos. En esas fotos familiares mortuorias, todos los rostros aparecen ligeramente borrosos. Por supuesto, se debe a razones técnicas: en la época, las cámaras fotográficas desencadenaban la abertura del objetivo durante unos segundos y, si alguien se movía lo más mínimo, quedaba borroso en la imagen... La única persona que no salía borrosa en la foto era el muerto. Comprenderás por qué, desde luego: era el único que no se había movido durante la foto, el único capaz de «permanecer inmóvil».

Pero ¿por qué te cuento todo esto?

Sin duda alguna, para ayudarte a comprender que la relación con la muerte y su lugar en la sociedad son algo cambiante. En algunas culturas, como en México, todavía hoy se sigue celebrando a los difuntos y honrándolos con rituales que nos resultan muy extraños: una vez al año, abren las tumbas, limpian los huesos y cambian la ropa con que los enterraron. En otras palabras, se les concede un lugar en el mundo de los vivos. Por el contrario, en la mayoría de lugares, como en nuestro país, la sociedad ha eclipsado por completo su presencia.

Los cementerios raras veces se encuentran en el centro de la ciudad y la gente acude a ellos lo menos posible. Se separa de manera estricta el espacio de los vivos y el espacio de los muertos.

A veces, se cuentan historias absurdas para convencerse de que el territorio de los unos y de los otros no comparte esfera alguna. Se finge que la muerte golpea muy lejos de casa, que solo sucede en lugares precisos, en hospitales o residencias de ancianos: lugares bastante cerrados para que nadie o casi nadie corra el riesgo de presenciarla. Se prefiere imaginar que la muerte solo acecha en esos sitios y que suele producirse de noche, a una hora en que las visitas están prohibidas y nadie podrá ser testigo de ella. Se intenta encerrar la muerte en un confinamiento estricto.

Durante la crisis del coronavirus, en la sociedad se cuestionó y se consolidó al mismo tiempo ese alejamiento de la muerte. Se cuestionó dado que, de manera repentina, la irrupción y la amenaza de la muerte en tantas familias obligó a mucha gente que se creía a salvo de ella a reconocer su enorme vulnerabilidad y que la muerte podía presentarse en cualquier momento. La sociedad se acordó un poco de que no iba a lograr mantener el miedo completamente a raya.

Sin embargo, la pandemia también consolidó esas fantasías, porque lo propio de una pandemia es transformar la mortalidad en una simple estadística. Durante meses, noche tras noche, en la televisión o en la radio, escuchamos el recuento de las víctimas, unas cifras producto de una suma que, con el paso del tiempo, perdieron todo su significado. Se trata de algo característico de las grandes catástrofes: los números eclipsan las historias. Y acabamos olvidando que detrás de ese cálculo se ocultan vidas que contar, existencias que honrar. Escondimos la muerte, pues, con medias matemáticas y estadísticas con el propósito de no hablar de ella realmente, mientras esperábamos que la pandemia terminara y que por fin pudiéramos retomar la vida normal. Es decir, reanudar una vida en la que nos las arreglamos para convencernos de que será eterna.

Nos quitamos la mascarilla FFP2 y la negación de la muerte por parte de la sociedad volvió a ser contagiosa. La incapacidad de hablar de ella siguió propagándose.

## 4. El escondite

Cuando era pequeña, una mujer de mediana edad a quien todo el mundo llamaba Dédé venía a casa de vez en cuando a cuidarnos a mi hermano y a mí. Nos vigilaba mientras jugábamos, nos daba la merienda, preparaba un chocolate a la taza exquisito y a veces nos llevaba de paseo. Un día, nos propuso que la acompañáramos a un lugar extraordinario que yo jamás había pisado. Recuerdo que estaba a su lado y empujé una pesada verja, muy cerca de una iglesia, en el pueblo de la Champaña donde vivíamos por aquel entonces, y que recorrimos un largo sendero cubierto de guijarros blancos inmaculados. Después, Dédé cogió una regadera verde de plástico de entre un montón de objetos. La llenó de agua fresca de un grifo que había en un muro encalado. Y luego nos hizo acercarnos a un pequeño edificio de mármol situado en medio de muchos otros parecidos, de un tamaño y una estructura semejantes. De su enorme bolso sacó esponjas de varios colores, que nos entregó a mi hermano y a mí. Y los tres empezamos a limpiar cuidadosamente aquel pequeño monumento para devolverle el brillo. Yo estaba mucho más por la labor que mi hermano. Me esmeré en quitar toda la mugre, incluso en los recovecos y alrededor de una pequeña foto ovalada colocada allí, en la misma piedra, en la que aparecía un anciano con una sonrisa de oreja a oreja. Aquella nueva actividad me encantó, tal vez porque siempre me lo he pasado en grande con los juegos de agua. Hasta me pregunté por qué mis padres nunca me habían dejado jugar allí.

Por la noche se lo conté a mi madre y enseguida me di cuenta de que había metido la pata. La vi muy contrariada, furiosa, incluso. Recuerdo perfectamente oírla hablar con mi padre sobre aquel episodio en unos términos bastante incomprensibles. Al parecer, lo que nos había sucedido aquel día era muy grave. No se nos permitía limpiar aquel pequeño monumento. No a nuestra edad. Nos habían obligado a hacer algo horrible. En resumidas cuentas, Dédé no volvió a cuidar de nosotros y jamás volvimos a hablar del asunto.

Eso fue hace más de cuarenta años. Supongo que Dédé lleva mucho tiempo muerta. Y me la imagino descansando plácidamente en aquel lugar, bajo la piedra que yo limpié a conciencia. Estoy segura de que ella también tiene una bonita foto ovalada junto al rostro sonriente de su marido, al que yo saqué brillo con agua fría un miércoles por la tarde a los seis años.

Evidentemente, aquel día no tenía la menor idea de que acababa de entrar por primera vez en mi vida en un cementerio. Y nadie consideró necesario explicármelo. Tardé años en comprenderlo, y más todavía en comprender la reacción de mi madre.

En mi familia, los niños no deben ir a un cementerio. Bajo ningún concepto. Es una ley que jamás se ha verbalizado o explicado, pero que se respeta escrupulosamente. Nadie transgrede la prohibición. Es así. Se trata de creencias supersticiosas. Una forma de mantener la infancia a salvo de lo macabro o, más exactamente, de mantener la muerte a distancia de aquellos que simbolizan la vida y su fuerza.

Esa es la razón por la cual nuestra niñera, al llevarnos al cementerio para visitar a su difunto marido, nos había puesto en peligro desde el punto de vista de mi madre, y eso era algo absolutamente inaceptable. Imperdonable.

Desde luego, estas creencias pueden parecer algo descabelladas. Sin embargo, cada familia tiene las suyas. Y, para comprenderlas, siempre hay que preguntarse por su origen o por las convicciones de la familia. ¿De dónde vienen los miedos o las angustias, las supersticiones o el pensamiento mágico que heredamos de nuestra familia y que nos moldean?

En numerosas familias judías, se protege a los niños de cualquier contacto con la muerte por la simple razón de que la historia no ha dejado de exponerlos a ella. Precisamente ese es el caso de mi familia, en especial de la de mi madre. Sus padres, supervivientes de campos de concentración y de exterminio, asistieron de cerca a la muerte de todos sus parientes unas décadas antes de que yo naciera. Y, como en aquella tragedia inenarrable asesinaron a tantos niños, con el tiempo se desarrolló un fenómeno de protección extrema, una voluntad férrea de no volver a exponer a las nuevas generaciones a lo fúnebre.

En la historia judía, es un hecho: en todas las épocas —o casi todas—, los padres han tenido que velar constantemente por la seguridad de sus hijos. Las supersticiones que han heredado, pues, no son sino la memoria viva. Es como si un ángel de la muerte rondara por nuestra historia y hubiera que hacer todo lo posible por ahuyentarlo o desviarlo hacia otra parte. Llevar a un niño a un cementerio equivale a exponerlo a la vista de ese ángel amenazante, a colocar un blanco en su espalda. De ahí que la muerte se esquive o se convierta en objeto de diversión. Se juega al escondite. Cada cual se esconde a su manera.

En todas las familias se transmiten creencias o ritos más o menos racionales. Todos ellos son una forma de transmitir historias, secretos o traumas, y de contarlos sin palabras. Todos permiten disimular un poco las tragedias, aunque esas tentativas no siempre resulten eficaces.

Por poner un ejemplo, hace unos años, conocí a una mujer que me habló de las huellas que había dejado la guerra en su familia. Me contó que, durante la primera guerra mundial, uno de los tíos de su abuelo, un tal Jean, había sido fusilado con apenas dieciocho años. Esa muerte en el campo de batalla había dejado una profunda cicatriz en todos sus allegados y en su descendencia. Desde entonces, me dijo la mujer, en cada nueva generación se llamaba Jean a uno de los hijos de la familia, como si hubiera que mantener vivo su recuerdo a cualquier precio. Acto seguido, añadió que ella, desde muy joven, había decidido que jamás pondría ese nombre a un hijo suyo. «Es absurdo imponer ese dolor a una criatura que va a nacer. ¿Qué sentido tiene cargarlo con tanto sufrimiento nada más llegar al mundo? Así que decidí poner fin a esa tradición lacerante», me confesó.

Recuerdo que alargué un poco la conversación, hasta que por fin me atreví a preguntarle si había llegado a ser madre y qué nombre había elegido para el niño que no se llamaría Jean. Muy orgullosa, me contestó: «Sí, tengo un hijo. Se llama… ¡John!».

Y entonces, ante mis ojos como platos y mi expresión atónita, la mujer se dio cuenta, por extraño que parezca, de que sí había acabado poniéndole ese nombre a su hijo. Para ser precisos, la versión inglesa del nombre. Había creído escapar a aquel mandato familiar, pero, pese a ella misma, lo había acatado y, en una negación absoluta y difícil de imaginar para alguien ajeno a su historia, había repetido la misma costumbre, sin ser consciente de ello hasta que me lo contó.

Creo que sucede lo mismo en muchas familias. Nuestras historias, las de nuestros antepasados, sus orgullos o sus pesares, se expresan a través de nosotros y a veces a pesar nuestro.

La transmisión a la que creemos escapar nos acaba alcanzando, y nuestra forma de vivir en el presente trasluce a menudo el modo en que la muerte llamó a la puerta de las generaciones anteriores.

Un día, un amigo psicólogo me dijo: «¿Sabías que, en realidad, todos los niños deberían llamarse René?». Al principio, no lo entendí. Pero tenía toda la razón del mundo. Los fantasmas de las historias familiares nos acechan y juegan al escondite en nuestras existencias. Aunque sea de maneras muy distintas, algo de ese pasado «renace»* constantemente en nosotros.

---

 * Juego de palabras intraducible. En francés, se pronuncia casi igual el nombre «René» y el verbo «renacer» en tercera persona de singular del presente («*renaît*»). *(N. de la T.)*

## 5. La rayuela

Ignoro qué influencia tuvo en mi vida el hecho de que en la infancia no me permitieran entrar en cementerios. Durante mucho tiempo, acepté la prohibición de mi familia. Por nada del mundo habría franqueado la puerta de ese territorio misterioso. Hasta había adoptado la costumbre —que era el colmo de la absurda superstición infantil— de contener la respiración cada vez que pasaba por delante de un cementerio, como si algo del aire pudiera contaminarme y no debiera penetrar mi organismo. Aspiraba una gran bocanada de aire, que retenía en los pulmones hasta que el supuesto peligro se alejaba, y bufff… Soltaba el aire antes de recobrar el aliento en el lado de los vivos.

Me pregunto si esa prohibición que me impusieron de niña es la que me lleva a visitar tan a menudo ese lugar ahora que soy adulta. Porque es la pura verdad: paso bastante tiempo en los cementerios. Allí ejerzo una parte de mi trabajo.

Soy rabina. Mucha gente desconoce cuál es mi cometido. Algunos creen que un rabino es más o menos el equivalente de un sacerdote, pero para los judíos. Es verdad, pero no es del todo exacto.

Efectivamente, estoy a cargo de una comunidad, al igual que un sacerdote de una parroquia. Eso significa que acompaño a la gente en ciertos momentos de su existencia, tanto alegres como trágicos, en épocas de la vida en que la presencia de la tradición les parece importante.

Cuando tiene lugar un nacimiento, una boda o un fallecimiento, surgen infinidad de interrogantes. En circunstancias así, es habitual acudir a la sabiduría ancestral, a los ritos religiosos o familiares, entendidos como una forma de acompañamiento.

Como rabina, en esos momentos transmito dichos de la tradición judía, me convierto en una presencia que tiende la mano, no del todo como una madre o una amiga, sino tejiendo un hilo entre la experiencia en cuestión y lo que otros han enseñado anteriormente sobre esa misma situación.

A mi juicio, la función de un rabino no es idéntica a la de un sacerdote. En primer lugar, porque un rabino no pretende ser un intermediario entre Dios y los seres humanos. Simplemente es un maestro y a veces alguien que transmite historias que ayudan a vivir y a atravesar ciertas pruebas. El oficio que más se asemeja al mío es el de narrador. Creo en la fuerza de las historias ancestrales que se han ido transmitiendo de generación en generación y que contribuyen a transitar la existencia.

Además, el rabino acostumbra a ejercer su misión de manera un poco distinta a otros líderes religiosos. Cuando irrumpe la muerte o empieza un duelo, la respuesta de los rabinos suele ser algo desconcertante. Precisamente porque a los rabinos no se les dan bien las respuestas. En la tradición judía se bromea a menudo al respecto, pero es así: los rabinos son mejores formulando preguntas que dando respuestas. En ocasiones hasta contestan a una pregunta con otra, algo que puede parecer exasperante o decepcionante, ¿verdad?

A veces, ante el drama o el dolor, algunas personas esperan respuestas categóricas, afirmaciones indiscutibles de fe: esto es lo que hay que hacer, creer, esperar o desear. Algunos quisieran saber a cualquier precio que, tras la muerte, se producirá tal o cual cosa, ¡prometido! Que más allá de la vida se presentará una recompensa o un castigo por aquello que hemos hecho o dejado de hacer. Que iremos al infierno o al paraíso, que existe un lugar en un mundo mejor para nuestros seres queridos. Otros no creen en nada de eso, pero dan por sentado que un sacerdote, un rabino o un imán deben demostrar una fe ciega, una convicción absoluta que a ellos les cuesta albergar.

Nada más lejos de mi intención que desdeñar, relativizar o ridiculizar esas creencias o esperanzas, cualesquiera que sean. ¿Acaso alguien podría afirmar, sin ningún género de dudas, que alguna de ellas es indiscutiblemente verdadera o falsa? Cualquier certeza sobre la muerte me parece absurda y, que yo sepa, nadie que haya muerto del todo ha regresado de ultratumba para confirmar o refutar alguna de esas creencias o, simplemente, para dar su testimonio.

Algunos líderes religiosos mantienen un discurso rebosante de certezas, mientras que otros lo evitan.

En mi oficio intento, ante todo, escuchar y ayudar a aquellos a quienes acompaño. Por otra parte, debo convivir con una particularidad de mi religión: el judaísmo, a diferencia de otras tradiciones, no tiene una única teoría sobre la vida después de la muerte, ni un dogma establecido. Sobre la cuestión del más allá coexisten teorías muy dispares.

Por ejemplo, algunos textos judíos afirman que, tras la muerte, el individuo solo sobrevive en la memoria de sus seres queridos. Otros textos se refieren a algún tipo de juicio o de tribunal. Algunos creen en la eternidad del alma y otros en la reencarnación, que, como una rueda infinita, te zarandea de una vida a otra. En ocasiones, la tradición judía evoca la posibilidad de que los fallecidos interrumpan su descanso eterno en un gran despertar colectivo, que marcaría el fin del mundo tal y como lo conocemos, mientras que otros textos sugieren que los muertos descansan para siempre en el Jardín del Edén, un lugar paradisíaco que jamás abandonarán.

Todas esas posibilidades contradictorias, todas esas versiones antagónicas parecen convivir. Ninguna de ellas puede proclamar: soy la única verdad. Por el contrario, esas visiones divergentes del gran misterio de la muerte deben cohabitar. ¡Allá tú!

Aunque pueda parecer desesperante, me encanta la idea de que, sea cual sea nuestra tradición, nuestra creencia o nuestro ateísmo, podemos vivir sin una certeza absoluta, sin una única respuesta a las grandes cuestiones de la existencia.

En la Biblia, una palabra turbadora designa el lugar misterioso donde se encuentran los muertos. Ese lugar se llama *Seol*, que en hebreo significa «la pregunta». Desde luego, hay que reconocer que es divertido... Si alguien te pregunta a dónde van los muertos, a falta de certezas, siempre puedes contestar: «Pues... no te preocupes... están en la pregunta». Es decir: no intentemos encontrar una única respuesta.

Mucha gente busca respuestas y sueña con parapetarse en ellas. ¿Y si la vida consistiera en aceptar una forma de irresolución e interrogantes que permanecen abiertos para siempre?

Puede que algunos objeten que exagero, que juego con las palabras... y es verdad. En mi opinión, el hecho de jugar con las palabras y el lenguaje permite expresar retazos de verdad. La verdad jamás puede formularse por completo, siempre se oculta detrás de palabras confusas. Se resguarda en la ambigüedad que la hace crecer.

Lo aprendí gracias a un niño muy pequeño, con quien me reuní porque quería hacerme una pregunta. Ya conté ese episodio en mi libro *Vivir con nuestros muertos*.

Un día, una familia me llamó para que conversara con un niño de cinco o seis años que acababa de perder a su querido hermanito, al que iban a enterrar al día siguiente de nuestro encuentro. El niño tenía muchas preguntas que hacerme y, en cuanto me senté frente a él, las formuló así: «Necesito saber dónde ha ido Isaac. Papá y mamá no me lo saben decir. No se aclaran. Me dicen que mañana lo enterramos y también que se ha ido al cielo. Y yo no lo entiendo: ¿estará en la tierra o en el cielo? Yo necesito saber dónde tengo que mirar para buscarlo».

Comprenderás que sentí una mezcla de incomodidad y de sorpresa ante la inmensa sabiduría de un niño tan pequeño. ¡Qué reflexión tan pertinente! Me decía a mí, la adulta (y, a través de mí, a todos los adultos): ¿os habéis dado cuenta de lo disfuncional que es vuestro discurso? ¿Por qué os empeñáis en decir tonterías?

¿Por qué vuestras palabras de repente ya no tienen sentido?

La respuesta era muy sencilla. Las palabras habían perdido su sentido porque el mundo también lo había perdido. La muerte de un niño provoca eso: el mundo se desmorona bajo el peso de ese hecho indecible e inaceptable.

En realidad, cualquier muerte —no solo la de un niño— tiene ese efecto en el lenguaje.

Frente a la tragedia, solemos refugiarnos en imágenes y metáforas, en historias de estrellas en el cielo, de seres amados en las nubes o de ángeles danzantes por encima de nuestras cabezas. Se trata siempre de un intento de encontrar un poco de poesía y de belleza en un mundo que a menudo carece brutalmente de ellas. De hecho, esos embrollos y contradicciones revelan la impotencia humana frente a la muerte. Cuando se caen las máscaras, los niños son los primeros en darse cuenta. También son los primeros en comprender que deben buscar a los muertos tanto en el cielo como en la tierra, es decir, allí arriba, muy lejos de nosotros, y aquí, en nuestro interior, en nuestra vida, donde han dejado una profunda huella.

Mientras escuchaba a ese niño pequeño que me hablaba de su dolor, me acordé de un juego que él debía de conocer, sin duda, al que hemos jugado todos de pequeños: la rayuela.

Antes de empezar la partida, con una tiza se pintan varios recuadros en el suelo, que representan el camino de la vida, que une la tierra y el cielo. De hecho, así se llaman las dos puntas del dibujo, la de abajo y la de arriba. Para empezar a jugar a la rayuela, lanzas una piedrecita desde la tierra, que está al principio; a continuación, casilla a casilla, te diriges hacia la parte del cielo… Entre un extremo y otro, solo puedes avanzar a la pata coja. En la tierra y en el cielo, puedes poner los dos pies en el suelo, pero, entre medio, el equilibro resulta muy precario.

Podría parecer una simple alegoría de lo que une el mundo de los vivos con el mundo de los muertos, al que todos llegaremos algún día. Pero el juego de la rayuela tiene unas reglas más complejas, como la vida misma. El enlace entre el cielo y la tierra está hecho de constantes idas y venidas, de saltos de una casilla a otra, primero en un sentido y luego en el inverso. Es decir, debes aceptar que caminas a la vez hacia el cielo y la tierra, a la pata coja. Como en la vida, avanzas renqueando, cojeando, a paso vacilante... Vamos, hecho un manojo de dudas.

Sucede lo mismo en el camino del duelo. Siempre cojeas un poco, entre dos mundos y entre palabras que no acabas de encontrar. Sueñas con llegar a alguna parte de una vez por todas, pero el camino es más peligroso de lo que creías.

Traté de explicarle todo esto a aquel niño, pero la triste realidad es que me faltaban las palabras. Decía una cosa y, al mismo tiempo, la contraria. Entonces decidí contarle una historia. Una antiquísima leyenda judía que me relataron en una ocasión y que me gusta transmitir a mi vez.

*Érase una vez un hombre que tenía una misión en la vida. Debía contar una historia imperati-*

vamente, una historia sagrada que solo conocía él y que debía compartir con la humanidad. Semana tras semana, se dirigía a una muchedumbre, cada vez más numerosa, reunida a su alrededor. Nadie contaba las historias mejor que él. Lentamente, muy lentamente. Año tras año, década tras década, el hombre avanzaba en el relato de aquella historia sagrada que tenía la misión de transmitir. ¡Había tanta gente a su alrededor deseosa de conocer el final! Transcurrieron los años. El anciano aún no había llegado al desenlace de la historia, pero un día acabó muriendo. Tanto sus amigos como la gente que lo escuchaba desde hacía décadas se desesperaron. ¿Quién, aparte de él, podría contar el final de esa historia? ¿Quién sabría revelársela a la humanidad en lo sucesivo?

Rezaron, cada cual a su dios. Suplicaron en todas las lenguas conocer el final de esa historia particular. Y sus ruegos fueron oídos y sus deseos concedidos... Milagrosamente, aquel anciano renació bajo los rasgos de un bebé que se convirtió en un niño pequeño y aprendió a hablar. Aquel niño cuya alma viejísima había re-

*gresado al mundo se presentó entonces ante todos aquellos que aguardaban la continuación de la historia y, un día, en un lugar y un tiempo desconocidos, contó por fin el final de la historia que tenía la misión de contar. Acto seguido, el niño murió, porque su alma, un alma viejísima, por fin había cumplido su misión y ya podía descansar. Su historia había sido narrada.*

Esta vieja leyenda no tiene edad. Puede que algunos la encuentren terrible, tonta o cruel, inaceptable o inmoral. Pero creo que encierra una enseñanza fascinante.

Es posible que todos nosotros tengamos una misión que llevar a cabo, es decir, una historia que entregar al mundo, un relato que la humanidad espera y que solo puede brotar de nuestros labios. A veces se da el caso de que algunas personas llegan a muy viejas y, sin embargo, mueren sin haber tenido tiempo de cumplir la misión que tenían encomendada. Entonces la historia queda en suspenso. Otras veces se da el caso de que algunos niños mueren tras una vida muy corta, cuya brevedad nos resulta insoportable. Con todo, en el transcurso de su fugaz paso por la tierra, han hecho cosas que existencias largas no han logrado. El valor de una vida no se mide en años, sino en la fuerza de los relatos que contiene.

Nadie sabe a dónde van los muertos. En su dolor, cualquier persona de luto comprende que a partir de entonces tendrá que saltar a la pata coja para seguir transitando por la vida en ausencia de un ser querido. Pero también sabe que ese ser amado ha dejado en este mundo relatos e historias que solo él podía contar.

Y, como nosotros también sabemos que algún día moriremos, como todo el mundo, nos preguntamos constantemente cuál es la historia que tenemos la misión de contar.

## 6. Verdad o reto

¿Qué se hace en un cementerio? La gente que nunca ha asistido a un entierro siempre se pregunta en qué consiste. Un extraño misterio rodea a los funerales, hasta tal punto que casi nadie habla de ellos. Es como si en los cementerios de vez en cuando se reuniera un club privado de individuos que se han comprometido solemnemente a no contar nada de lo que han visto. De ahí que se puedan formar dos categorías de personas: las que lo saben y no hablan de ello, y las que no lo saben y no se atreven a preguntarlo.

Huelga decir que las exequias fúnebres no tienen nada de secreto. De hecho, no siempre siguen el mismo formato. Algunas ceremonias son religiosas, mientras que otras son completamente laicas. Algunas se realizan en un lugar de culto y otras cerca de la tumba. Algunas veces se pronuncian varios discursos y otras reinan el silencio, las plegarias o la música... Pero siempre, o casi siempre, llega el momento de rememorar al fallecido, de recordar algunos hechos de su vida, de rendir homenaje a su trayectoria, a sus logros o a sus gustos. En cualquier caso, siempre se retrata al otro como buenamente se puede.

Pero ¿cómo resumir a una persona en pocos minutos? Es una tarea imposible. Una vida puede recordarse de tantas maneras... Se puede optar por describirla con palabras e imágenes radicalmente distintas.

Si ahora mismo tuviera que contar mi vida, podría hacerlo en clave de comedia o de tragedia. Podría elaborar una historia al estilo *western* o película de ciencia-ficción. También podría describir mi trayectoria como si fuera un documento histórico, una película de acción o un manga. Y ninguna versión sería más verdadera o más falsa que otra. Las vidas siempre se escapan a un relato único.

Recientemente, asistí a un entierro en el que una mujer aseguró que su padre, que acababa de fallecer, era el hombre más despistado que había conocido en toda su vida, y contó que en un sinfín de ocasiones había metido la pata, había cometido torpezas o se había olvidado de cosas fundamentales. Por ejemplo, el día de su boda, su padre insistió en ejercer de fotógrafo oficial del enlace. Durante todo el día fue tomando instantáneas, hasta que, al terminar la fiesta, se dio cuenta de que se había olvidado de cargar la cámara y, por tanto, no había hecho ni una sola foto.

Todos nos reímos de aquella metedura de pata mayúscula, que retrataba a la perfección al hombre atolondrado que estábamos despidiendo. Sin embargo, es evidente que la misma anécdota, contada con rencor, enfado o rabia, habría despertado una reacción distinta. Quien narra una historia siempre tiene el poder de dibujar sus contornos, de conferir al relato un color o un sabor que dejará una huella única.

Esa es la fuerza de las historias, tanto de las que nos contamos como de las que nos cuentan, que marcan nuestra existencia y cambian para siempre nuestra relación con lo que fue. Al evocar el pasado de una determinada manera, se transfigura el futuro.

Un entierro o un funeral también sirven para eso: para compartir todo lo que sabe de la persona que nos ha dejado, a través de las diferentes miradas de quienes la conocieron. Así se cruzan los hilos de una vida de la que mucha gente conoce un retazo. Se cuentan tantas cosas y costumbres de un ser amado... Esos relatos entrelazados acaban formando una «verdad» sobre el individuo en cuestión, como en el juego de verdad o reto.

A veces, al preparar una ceremonia o asistir a ella, te das cuenta de que conoces infinidad de detalles significativos de la vida del difunto: fechas, lugares, virtudes, defectos o tics del lenguaje. Otras veces, por el contrario, cobras consciencia de que muchas cosas no se han dicho o parecen haberse ocultado. Entonces comprendes que la persona en cuestión te resultaba mucho más desconocida o misteriosa de lo que creías.

Te contaré una historia muy ilustrativa.

Un día, me llamaron para que participara en una ceremonia en recuerdo de una mujer que iba a ser enterrada al día siguiente. Había muerto unos días antes y la policía estaba llevando a cabo una investigación, como sucede a veces, con el objetivo de esclarecer las circunstancias exactas de su deceso. El caso es que nadie sabía gran cosa sobre ella. No tenía familiares cercanos y sus escasos amigos me contaron que era muy solitaria. Era escritora. Desempeñaba una profesión muy original: la de biógrafa.

Un biógrafo es alguien que se dedica a escribir sobre terceros, sobre personas más o menos famosas cuya vida explora con el fin de recons-

truir su periplo. Por ejemplo, cualquier biógrafo de Luis XIV sabe perfectamente que el Rey
Sol nació el 5 de septiembre de 1638 y que murió el 1 de septiembre de 1715. También conoce al dedillo detalles de su trayectoria vital, de
sus viajes, de su familia, de sus éxitos o sus fra-
casos.

En resumidas cuentas, ese era el oficio de aquella mujer: investigar sobre la vida de otra gente
y escribir su historia. Recababa los detalles más
precisos sobre personas cuya existencia desme-
nuzaba minuciosamente.

Había nacido en el extranjero y llevaba muchos años viviendo sola en Francia. Únicamente
mantenía una relación estrecha con varios amigos que de vez en cuando se preocupaban por
ella. De hecho, fueron ellos quienes acudieron
a mí para organizar la ceremonia en la que íba-
mos a rendirle homenaje.

Al preparar la ceremonia, surgió cierta inquietud. Cuando sus amigos trataron de reunir da-

tos sobre su trayectoria, como un certificado de nacimiento, detalles de su infancia o fechas claves, tuvieron que reconocer que numerosos elementos de su vida eran completamente erróneos. Al parecer, había falsificado muchas cosas. Por ejemplo, tenía diez años más de los que aseguraba tener. Había mentido sobre su edad y sobre muchas otras cuestiones, como su familia de origen o su trayectoria. El caso es que, por coquetería o por marcarse un farol, se había inventado una historia distinta. En esa ficción, ella no era del todo ella misma. Había logrado escribirse magistralmente otra vida.

Era fascinante cómo aquella mujer a la que nos disponíamos a despedir, que se había dedicado a investigar la vida de los demás para revelar hasta el menor detalle, había hecho lo contrario con su propia vida. Había borrado el rastro y había truncado la labor de quien algún día quisiera hacer con su biografía lo que ella hacía con las de los demás. Había impedido por completo que se revelaran los detalles de su existencia.

Y, como si la situación no fuera suficientemente extraña de por sí, el fallecimiento de aquella mujer, a solas en su piso, y el hecho de que su cuerpo no se hubiera hallado hasta al cabo de unos días habían obligado a la policía a investigar su muerte. Con todo, la policía llegó a una conclusión desconcertante: era imposible determinar con exactitud la fecha de su muerte. Fecha de nacimiento desconocida. Fecha de fallecimiento misteriosa.

El día de su entierro, entre todos intentamos reconstruir, con humor y afecto, el recorrido de aquella biógrafa cuya vida seguiría siendo un misterio. Alabamos el talento de una investigadora que había conseguido obstaculizar la labor de todos los investigadores. Y nos reímos a carcajadas de la broma que nos había gastado, que era como una especie de burla a todos los biógrafos del mundo. A partir de entonces, nadie podría contar su vida con precisión o certeza. Solo cabría inventársela, es decir, continuar el relato en la imaginación.

Algunas personas, pues, dejan como herencia a todos aquellos que les sobreviven una extraña invitación a proseguir su historia. Su vida se escribe más allá de su tiempo y nunca deja de revelar todos sus secretos.

# 7. Las siete familias

Siempre me ha encantado el juego de las siete familias. De niña, suplicaba a mis padres y a mis abuelos que volvieran a repartir las cartas para continuar la partida.

La regla del juego es sencillísima: reunir lo más deprisa posible las cartas de las personas que se parecen; el padre, la madre, el hijo, la hija…

—De la familia tirolesa, pido el abuelo.
—De la familia mexicana, pido el hijo.
—Puedes robar una carta.

Este juego sugiere sutilmente que existen familias muy distintas. No todas responden a los mismos códigos, ni tienen la misma apariencia ni el mismo funcionamiento. Pero todas ellas aspiran, a su manera, a reunirse, es decir, a ser «¡Familia!», tal y como se canta al ganar una partida, mostrando las cartas de una familia entera. En algunos momentos de la vida se dan las circunstancias perfectas para que las familias se reencuentren, pero a veces se producen pérdidas... y entonces se piden cartas en vano sin llegar a encontrar la figura que falta.

En mi trabajo, sigo jugando un poco a ese juego. Trato con muchas familias. Cada una tiene sus códigos, por supuesto: algunas no se hablan, mientras que otras se dicen demasiadas cosas, aunque no las piensen realmente. Algunas familias no consiguen verse, mientras que en otras es difícil hacerse escuchar. Algunas apenas se interesan los unos por los otros, mientras que en otras pecan de entrometidos.

Desde luego, ninguna familia es perfecta. De hecho, he perdido la cuenta de las veces que me he reunido con alguien en mi despacho y ha empezado diciendo: «¿Sabe usted? Mi familia es un poco especial...». Siempre me tienta la idea de contestar: «Bueno, no será para tanto. ¿Quiere decir como la familia de la persona que estaba sentada aquí justo antes que usted y como la familia de la persona que se sentará aquí después de usted?».

Todas las familias son peculiares y, como dice el refrán inglés, «la hierba siempre es más verde en el jardín del vecino». A menudo nos da la impresión de que, para los demás, todo es un poco más sencillo, un poco más normal.

Cuando en una familia se produce una muerte, es como si, misteriosamente, se volvieran a repartir las cartas, es decir, el papel que desempeña cada uno. Ante la ausencia de alguien, sabemos que la baraja jamás volverá a estar completa, de manera que cada cual se pregunta cuál será su papel a partir de entonces en la estructura familiar. ¿Cuál es nuestro nuevo papel como padre, madre, hermano, hermana, tío o tía, y de qué manera la desaparición de un familiar afecta a la relación entre los demás? A veces, un padre que nunca decía nada se pone a hablar. A veces, una madre distante se vuelve muy afectuosa. A veces, dos hermanos que no se llevaban bien desarrollan una cercanía nueva.

Tras una muerte, pueden surgir emociones fuertes: amor, por supuesto, pero también ira, celos o heridas ocultas.

De la familia Rencorosa, pido el hijo. Déjame presentártelo.

Un día llegó a mi despacho un hombre de unos cuarenta años cuyo padre acababa de morir. Deseaba que organizáramos juntos el funeral, que se iba a celebrar al cabo de unos días. Pero, cuando le pedí que me hablara de su padre, me di cuenta de que, sorprendentemente, le costaba muchísimo.

Me contestó: «La verdad es que no sé qué decir. Mi padre era muy reservado. De hecho, nunca decía nada y era desquiciante. Siempre que nos veíamos, se pasaba el rato contando chistes malos. Yo trataba de entablar una conversación seria, pero él volvía a soltar un chiste absurdo y yo acababa desistiendo. Era horrible».

La voz de aquel hombre traslucía una profunda tristeza, pero, sobre todo, una sensación de fracaso, de decepción y, por tanto, de resentimiento contra su padre, que no había sabido hablar con él.

De todas formas, le pregunté si el día del funeral tenía previsto tomar la palabra y decir algo sobre ese padre tan distinto a él, para expresar lo que no había sabido decirle en vida.

Me contestó: «¡Para nada! No, no quiero decir nada en el funeral. En primer lugar, porque soy demasiado tímido para eso. Y también porque no creo que tenga sentido hablar ahora. Es demasiado tarde».

Llegó el día de la ceremonia y, mientras yo conversaba con su familia, reunida alrededor del ataúd, observé que aquel hombre estaba muy nervioso. Ardía de impaciencia y parecía esperar algo… Le pregunté, pues, si quería decir algunas palabras, pese a todo. Entonces sucedió algo increíble. El hombre aspiró una gran bocanada de aire, cerró los ojos y rompió a hablar. Durante mucho rato. Muchísimo rato. No de su padre, ni de sus propios sentimientos ni de su dolor, sino que se puso a contar docenas y docenas de chistes, uno tras otro, a cuál más idiota. De hecho, estaba recitando el repertorio de chistes favoritos de su padre...

Como me había explicado al poco de conocernos, todos eran de lo más grotescos o inadecuados. Fue encadenando chascarrillos picantes o descaradamente obscenos. Resultaba muy absurdo y fuera de lugar, pero, al mismo tiempo, era realmente conmovedor.

En medio de una ceremonia solemne, decenas de personas allí reunidas lloraron... ¡de risa!, y no me habría extrañado que se «murieran de risa» en pleno cementerio, de lo descabellada que era la escena.

Soy consciente de que muchos la juzgarán molesta o inapropiada, pero el hecho es que fuimos testigos del mejor homenaje que aquel hijo podía rendirle a su padre.

Al tomar la palabra para compartir sus chistes disparatados, aquel hijo confesaba a su padre algo muy importante. Le decía: es verdad que somos diferentes y que, durante todos estos años, hemos tenido grandes dificultades para ser una familia. Nos ha costado horrores entendernos. Pero, a pesar de todo, escúchame: soy tu hijo y me parezco a ti más de lo que creía. La prueba es que yo también me expreso mejor con chistes que con palabras.

Aquel día, haciendo lo que su padre había hecho toda la vida, le dijo, a su manera: mira, papá, tu mundo no se acaba. Tu universo y tu humor te van a sobrevivir y van a seguir plenamente vivos entre nosotros y en nuestro interior…

Algunas veces, el duelo tiene un extraño poder entre quienes lloran a un muerto. Les despierta un anhelo de vida inesperado, posibilidades de reparación o una gratitud que ignoraban albergar. Otras veces, la ira se apacigua y se hacen las paces. He tenido la suerte de ser testigo de ello en muchas ocasiones, escuchando discursos pronunciados en público o incluso sin necesidad de decir palabra. He asistido a un sinfín de magníficas declaraciones de amor.

Entre esos espléndidos homenajes a difuntos, hay uno que jamás olvidaré, puesto que creo que sigue siendo el más poético que he escuchado.

Un día, me llamó una familia que iba a enterrar a una anciana, una abuela muy querida. Había sido una gran madre y también una abuela dulce y generosa, de esas que te colman de pasteles y de amor, que te nutren con calorías y afecto. El día de su funeral, frente a su ataúd, se habían reunido varias generaciones llenas de gratitud por todo lo que había sembrado en su interior. De repente, una de sus nietas se acercó tímidamente a mí para tomar la palabra. Había preparado una hoja que parecía un discurso y observé cómo desplegaba el papel muy despacio antes de hablar.

Y entonces, frente a todos, declaró solemnemente:

«250 gramos de harina
200 gramos de mantequilla
4 huevos
azúcar, pero no demasiado

chocolate negro, pero no del que tiene el envoltorio marrón».

Durante varios minutos, ante la mirada nublada por las lágrimas de todos los presentes, aquella chica rindió homenaje a su abuela, simplemente leyendo su receta de pastel de chocolate. Leyó tanto los ingredientes como las indicaciones que había consignado su abuela, aproximaciones encantadoras y muy vagas respecto a las cantidades o el tiempo de cocción, algo que convierte una receta en la cosa más íntima y personal del mundo.

«Derrite la mantequilla, pero no demasiado. Cuece la masa y sácala del horno cuando esté más o menos bien…» ¡Arréglatelas con eso para elaborar la receta!

La receta parecía decir, sobre todo: «¡Arréglatelas con eso para vivir sin mí, para ser fiel a mi recuerdo y a mi amor!».

Jamás había escuchado un discurso tan hermoso. A través de una simple receta de repostería, susurraba algo que en realidad era la receta de una vida plena.

Una vida así deja en el mundo un recuerdo dulce. Tiene un sabor único del que darán fe durante mucho tiempo tus seres queridos, y que conservarán para siempre en el paladar, más allá de tu existencia.

De la familia Rencorosa convertida en Bromista, pido el hijo.

De la familia Pastelera de los Recuerdos, pido la nieta.

Todas las familias son distintas. Algunas conversan con naturalidad, mientras que otras guardan sus secretos para siempre. Algunas son serenas, mientras que otras jamás encuentran la calma. A veces, el dolor o los traumas impiden reírse o inventarse la receta de un vínculo sosegado.

Nadie transita el duelo del mismo modo. Pero creo que, ante la muerte, cada cual tiene la posibilidad de pensar en su historia y su legado. Cada cual puede preguntarse qué ha recibido y qué va a hacer de ello, con el propósito de algún día contemplar el camino recorrido y pensar: «¡Bien jugado!».

# El final del juego: Un, dos, tres...

¡Qué difícil es llegar a una conclusión y escribir la palabra «FIN» al término de un libro! Siempre resulta doloroso pensar que algo pueda detenerse, pese a que «bien está lo que bien acaba». Como es lógico, siempre preferimos escribir o leer «continuará». En la vida sucede exactamente lo mismo; desearíamos no tener que anunciar jamás el final de una partida, poder creer en la posibilidad de otra ronda o de una revancha.

Un día, en una entrevista, un periodista me preguntó algo que no me esperaba en absoluto. Era una de esas preguntas un poco tontas que aparecen a veces en la prensa, en las que se pide a alguna personalidad que responda a un cuestionario algo delirante: que nombre el día más feliz de su vida, en qué planeta le habría gustado vivir o en qué animal desearía reencarnarse…

El caso es que el periodista me preguntó: «¿Cuál le gustaría que fuera su última palabra justo antes de morir?».

Aquella pregunta me extrañó tanto que balbuceé una onomatopeya: «Mmm».

Por descontado, ese sonido simplemente expresaba mi desconcierto y mi incapacidad para contestar a la pregunta que acababa de formularme. Luego reflexioné un poco. Tardé un rato en darme cuenta de que, sin ningún género de dudas, había dado la respuesta más acertada, la que más me representa.

Creo que, si tuviera que elegir a la fuerza una última palabra antes de abandonar el mundo, me gustaría morirme en medio de una frase. Justo después de un «mmm…», es decir, mientras reflexiono sobre una pregunta que no sé contestar.

De hecho, eso es lo que deseo para todo el mundo: marcharse sin haber dejado de hablar, sin haber puesto un punto (y menos aún un punto final a la frase o a la reflexión).

Eso significaría que, en el instante mismo de la muerte, seguimos llenos de vida. Al menos, sin haber llegado al final de una idea o de un camino. Esa frase en suspenso, dirigida a nuestros seres queridos o a desconocidos que nos van a sobrevivir, sería una especie de invitación a continuar algo, una senda de reflexión que hemos emprendido. Es como si les encargáramos que dijeran o escribieran la continuación de nuestra historia.

Tal vez pienses que hablo de la muerte con demasiada indiferencia, como si no me diera miedo. Como si ignorara que la muerte resulta aterradora para mucha gente, que teme tanto su propia desaparición como la de sus seres queridos.

«No tengo nada de miedo...», dicen los niños cuando pretenden fingir que no están muertos de miedo y procuran calmarse a sí mismos. Yo sigo la misma estrategia. ¿Qué te creías? Como todo el mundo, a veces tengo miedo. En realidad, creo que es imposible liberarse por completo de ese temor, digan lo que digan.

Todo el mundo siente el mismo miedo, en mayor o menor medida: el miedo a dejar de ser un poco uno mismo o el miedo a dejar de existir, simple y llanamente…, el miedo a dejar de tener tiempo o el miedo a perder a los seres queridos, el miedo a que lloren nuestra muerte o el miedo a que nos olviden. Incluso los verdaderos sabios, los grandes filósofos o los individuos muy creyentes, convencidos de que, tras la muerte, les aguarda un mundo mejor, tienen un poco de miedo. Ni la inteligencia, ni la erudición, ni la fe pueden atajarlo por completo.

En una vieja leyenda aparece el terror a la muerte que experimentó un gran hombre, conocido por su coraje y su extraordinario destino. Se trata de un hombre famoso en las tres religiones monoteístas, que lo consideran un héroe y elogian sus hazañas. Seas creyente o ateo, su historia resulta muy inspiradora. Déjame contártela.

Se cuenta que, un día, un hombre llamado Moisés tuvo que resignarse a morir. Había vivido ciento veinte años y debía sentirse afortunado por haber alcanzado una edad tan avanzada. Sin embargo, no tenía ninguna intención de abandonar este mundo y, al ver que se le acercaba el final, suplicó a Dios que le permitiera permanecer entre los vivos.

«Pero yo he hecho cosas tan grandes que merezco seguir viviendo.» *

Aterrado ante la idea de marcharse, trató de negociar de mil maneras: «¿Y si pudiera vivir, incluso bajo otra forma? ¿Y si me transformara en pájaro, en cierva, en venado, lo que sea, en otra especie viva que me permita permanecer en este mundo?».

---

* Para las citas de la Biblia hebraica, el Antiguo Testamento en la tradición cristiana, se ha recurrido a la Biblia de Jerusalén por su extrema fidelidad a las fuentes originales. *(N. de la T.)*

No hubo nada que hacer. Moisés debía morir como todos los seres humanos, y tenía miedo, más que cualquier otro. Entonces vivió una extraña experiencia. La leyenda* cuenta que fue transportado hacia el futuro, con el fin de que vislumbrara qué iba a suceder tras su muerte.

Dios le dijo: «Moisés, ¡cuenta hasta tres y date la vuelta!».

*Uno, dos, tres...* Moisés miró hacia atrás y al instante fue transportado a otro lugar y otro tiempo. De visita en el futuro, fue testigo de una conversación que lo dejó perplejo. A su alrededor, en una casa de estudio, unos alumnos debatían y recitaban sus enseñanzas. Moisés no comprendía absolutamente nada de lo que decían. Al parecer, aquellos alumnos tenían un conocimiento mucho más desarrollado que el suyo. Se sintió perdido; de repente, uno de ellos dijo a los demás: «Esta sabiduría le fue entregada a Moi-

---

* Adaptada del tratado talmúdico Menajot, 29b.

sés en el monte Sinaí, el día de la Revelación, y él fue quien nos la transmitió».

¡Abracadabra! En ese instante, Moisés fue milagrosamente transportado de vuelta a su época y su mundo. Y entonces comprendió que le había llegado la hora de morir. De pronto, ya no tenía miedo.

¿Qué había ocurrido durante aquel viaje? ¿Qué había comprendido que no supiera antes? ¿Por qué al fin estaba en paz?

Es muy sencillo. En el futuro, Moisés había visto y oído algo que no solo lo atañía a él, sino a todos nosotros: las generaciones pasadas dejan una huella, comparable a una semilla que cultivan las generaciones siguientes. Así, en el mundo crece un legado, un saber y tal vez una inteligencia muy superior a la de antaño, aunque esta siempre debe recordar su deuda con los difuntos.

En el transcurso de su viaje, Moisés comprendió que, tras su muerte, su vida seguiría creciendo. Se iba a producir una transmisión que permitiría a todos sus sucesores escribir su historia y cultivar su sabiduría, más allá de lo que él había logrado en vida.

Cualquiera de nosotros puede experimentar la misma inquietud que Moisés. Basta con darse la vuelta, no para contemplar el pasado, sino para vislumbrar el futuro. Se trata de volver la vista atrás con el fin de convencerse de que algo va a sobrevivir a la muerte de nuestros allegados o a nuestra propia muerte.

Supongo que te habrás dado cuenta de que la orden de Dios de «Cuenta hasta tres y date la vuelta» se parece muchísimo a un juego infantil muy popular: «Un, dos, tres, ¡sol!*».

El jugador que cuenta de cara a la pared sabe perfectamente que, aunque esté de espaldas a los

---

* En francés, el juego del escondite inglés se llama «*Un, deux, trois, soleil!*», es decir, literalmente, «Un, dos, tres, ¡sol!». *(N. de la T.)*

demás jugadores, detrás de él se produce un movimiento; es testigo de que suceden cosas, aunque no las vea o ya no pueda verlas. La vida, pues, sigue, pese a que ya no seamos testigos de ello, y su misterio se nos revela como a pleno sol, si sabemos mirar con atención.

«Un, dos, tres, ¡sol!»

Más allá de la muerte, puede que exista una luz muy potente: la del recuerdo de los difuntos. Ese sol alumbra a los vivos y los alienta a no olvidarlos jamás. Llorar a un ser querido significa celebrar aquello de él que vivirá con fuerza en nuestro interior. Tal vez sea continuar un poco su juego...

«La muerte no llega más que una vez,
pero se hace sentir en todos los momentos de la vida.»
JEAN DE LA BRUYÈRE

Desde LIBROS DEL ASTEROIDE queremos agradecerle el tiempo
que ha dedicado a la lectura de *Cómo hablar de la muerte a los niños*.
Esperamos que el libro le haya gustado y le animamos
a que, si así ha sido, lo recomiende a otro lector.

Queremos animarle también a que nos visite en
www.librosdelasteroide.com y en nuestros perfiles de redes
sociales, donde encontrará información completa y detallada sobre
todas nuestras publicaciones y podrá ponerse en contacto con nosotros
para hacernos llegar sus opiniones y sugerencias.
Le esperamos.